Ein Sandkorn strandet

Gedichte

© 2008/2009 Jasna
Farina Alex
Herstellung und Verlag:
Books on Demand
GmbH, Norderstedt
ISBN:9783837082333

Ein Sandkorn strandet

Gedichte

Wind

Sanft streichelt der Wind
Meine zarte blasse Haut,
Als wäre ich sein Kind,
Das er zu lieben glaubt.

Er wiegt mich in den Schlaf,
Ich gebe mich ihm hin,
Und träume dass ich darf,
Dort bleiben wo ich bin.

Als ich wieder erwachte,
War der Wind gegangen.
Die Sonne strahlte sachte
Auf meine kühlen Wangen.

Es ist der stille Frieden,
Der erfüllt das Herz,
So bin ich noch geblieben,
Es lindert meinen Schmerz.

Unwirklich

Ich bestieg den höchsten Berg,
Zur kältesten Zeit,
Und vollbrachte dies Werk,
Zu hoffen bereit.

Ich durchschwamm die tiefsten
Meere,
Zur stürmischsten Zeit.
Doch wie ich sie überquere,
Scheint das Ziel unendlich weit.

Ich überflog die Kontinente der
Erde,
In kürzester Zeit,
Und weiß dass ich werde
Ertragen jegliches Leid.

Doch den Weg zu deinem Herzen,
Den fand ich nicht.
Und so ertrage ich die Schmerzen,
Bis mein Herz mir zerbricht.

Verloren

Ich habe etwas verloren.
Ich verlor es auf dem Weg des Lebens.
Vom Moment an als ich geboren,
War es zu halten gar vergebens.

Es blieb mir eine Zeit,
Und ich genoss es gar,
Doch tut mir heute Leid,
Das es so kurz nur war.

Es ist die Kindlichkeit,
Die mir so fehlt.
Die geliebte Unbeschwertheit,
Die uns das Leben stiehlt.

Vermisse es

Ich vermisse es
mit dir zu lachen,
Vermisse es deine Haut zu spüren,
Vermisse neben dir zu erwachen
Und mich von dir geliebt zu fühlen.

Schmerzlich vermisse ich die
Erinnerung,
Die zu verblassen beginnt.
Ist sie doch meine Linderung,
Der einzig Trost den ich noch find.

Doch bringen meine Tränen,
Dich nicht zurück zu mir.
Schmerzlich werde ich mich sehnen,
Und träume ein Leben mit dir.

Trugbild

Im sachten Kerzenflimmern,
sah ich den Schein des Truges.
Fast nur wie ein schimmern,
Am Ende eines Flures.

Trugbilder formten seine Wand,
Entstanden aus einfach Ding,
Geformt von Menschen Hand,
Sich in dem Schatten fing.

Als die Kerze war erloschen,
Schwand auch der Trugesschein.
Wie im Dunkel gar verkrochen,
Konnten sie nur im Lichte sein.

Tief

Tief sind meine Wunden,
Die du mir zugefügt.
Und auch wenn du nach Stunden,
Dich selbst schon gar belügst.

Bitter war die Erfahrung,
Dass Wahrheit schmerzlich ist.
Doch auch die Offenbahrung,
Wer du nun wirklich bist.

Tief sind meine Wunden,
Ich will dass du verstehst.
Ich war an dich gebunden,
Jetzt will ich dass du gehst.

Süß und bitter

Sie schmeckt süß und bitter zugleich,
Doch ihr Nachgeschmack ist tröstlich.
Wegen ihr werden die Glieder weich,
Der Körper weiß, es ist nicht nötig.

Nur das Herz sucht seinen Frieden,
Doch fündig wird es nicht.
Denn eines ist geblieben,
Das Gefühl das man zerbricht.

So verlockend sie auch ist,
Die bittersüße Rache,
Sie kein gutes Beispiel misst,
Egal in welcher Sache.

Bedeutung des Dankes

Dankbar sein bedeutet zu schätzen,
Was jemand uneigennützig für einen getan hat.
Dankbarkeit annehmen bedeutet zu schätzen,
Was der Dank eines Menschen Wert ist.

Danke

Ich danke dir für deine Zeit,
Die du mir gerne schenkst.
Und das du immer an mich
denkst,
Bereit zu teilen jedes Leid.

Ich danke dir für deinen Glauben,
Den du an mich hast.
So scheint mir jede Last,
Nicht mehr den Mut zu rauben.

Ich danke dir für jede
Umarmung,
Und jedes nette Wort.
Danke für jenen Ort
In deinem Herzen an dem du
mich liebst.

Bäume

Sanft wiegen sich die Bäume
Im mütterlichen Schoß der
Erde.
Aus ihr sind ihre Träume,
Der Wurzeln ihre Wärme.

Der Wind spielt ihre Lieder,
Das Rauschen ihrer Kronen.
So geben Sie es wieder,
Ihren allerschönsten Ton.

Der Tag

Der frische Tau des Morgens,
Ruht noch friedlich auf dem Grünen,
Das still in der Nacht verborgen,
Dem Tag beginnt zu frönen.

Erste Sonnenstrahlen wärmen das Kleid
Der Erde und begrüßen den Tag.
So ist was ihm seine Schönheit verleiht,
Was die Natur zu geben vermag.

Der Traum

Im Träume taumelnd seicht,
Unstetig wie ein Fluss,
Erscheint der Liebe Kuss,
Bittersüß und lieblich leicht.

Verweilend auf ruhiger See,
Begleitet von stillen
Gedanken,
Der Sonnenstrahlen wärme
tanken,
Dann tut es nicht mehr weh.

Erwacht im Dunkel der Nacht,
Von schwärze sanft berührt,
Ist was zu schweigen führt,
Im Traume gut bedacht.

Abschiedsgruß

Von sanften Winden getragen,
Ein Flüstern deiner Stimme,
Mir tröstende Worte sagen,
In Gedanken, in meinem Sinne.

Worte tiefer Zufriedenheit,
ein langes Leben gelebt,
Warst du zum Abschied nehmen bereit,
Was mir in Trauer widerstrebt.

Das Flüstern leise schwindet,
Nun lasse ich dich gehen,
Denn Erinnerung verbindet,
Ich höre Winde wehen.

In der Nacht davon erwacht,
alle Worte überdacht,
Konnte ich es dann verstehen,
Es war dein letzter Abschiedsgruß.

Der Regen

Seit Stunden trübt der Regen,
Die Schönheit der Natur.
Doch ist sie ihm ergeben,
So bleibt der Regen stur.

Das Wasser tränkt die Erde,
Die Wurzeln nehmen es auf.
Und so ist, was ewig werde,
Der Natur ihr Lauf.

Schönheit wächst aus allem,
Was sich zusammen fügt,
So lass den Regen fallen,
Und sei nicht mehr betrübt.

Der Mantel

Gefangen in der eigenen Haut,
Bis sich die Seele zu kämpfen traut.
Zu sprengen die körperlichen Ketten,
Um sich selbst ins hier zu retten.

Der schützende Mantel lastet schwer,
Und trübt die Schönheit viel zu sehr.
Die Schönheit eines jungen Lebens,
Der Welt zu öffnen scheint vergebens.

Doch ist der Mantel abgelegt,
Sich neues Leben drunter regt.
Ein wunderschönes neues ich,
Es lohnt sich immer, auch für dich.

Der Augenblick

Ein Augenblick des Friedens,
Erfüllte ihr das Herz.
Der letzte Kuss des Liebens,
Entzog ihr ihren Schmerz.

In der Blüte ihres Lebens,
Hat er sich sie genommen.
Sie zu retten war vergebens,
Der Tot war schon gekommen.

Zurück bleibt nur die Trauer,
Wir werden dich vermissen.
Es fällt ein Regenschauer,
Als scheint er es zu wissen.

Dasein Ohne

Der Gedanke unerträglich,
Ein Dasein ohne.
Versuche ich vergeblich,
Ein Dasein ohne.

Von Gefühlen überrannt,
Ein Dasein ohne.
In Trauer verbannt,
Ein Dasein ohne,
Ein Dasein ohne
Dich.

Du sagst...

Du sagst du kennst die Liebe,
Doch liebtest du nie.
Und alles was dir bliebe,
Sei pure Ironie.

Du sagst du kennst die Trauer,
Doch weintest du nie.
So fülltest du auf Dauer,
Dein Herz mit Fantasie.

Du sagst du kennst die Wut,
Doch tobtest du nie.
Und gleich was man dir tut,
Gewinnst du die Partie.

Du sagst du kennst das Leben,
Doch lebtest du nie.
Und nichts hast du zu geben,
Außer deinem Herz aus Fantasie.

Die Nacht

Die Nacht hat geweint,
Bis in die Dämmerung.
Weil die Liebe wie es scheint,
Eine Wehe der Erinnerung.

Nur für einen Augenblick,
Wenn der Morgen erwacht,
Die Nacht den geliebten Tag,
Zu küssen vermag.

Der Wald

Düster ist der Wald, wenn die Nacht ihn umgibt,
Und nur der Mond seinen Schatten dort liebt.
Die Bäume rauschen und singen ihr Lied,
Vom Wunder des Lebens das täglich geschieht.
Fühlbare Stille, nur ab und zu,
Dringt ein Geräusch
In die herrschende Ruh.

Fürchte nicht...

Fürchte nicht die Nacht,
Denn ich bin bei dir.
Mein Schwert für dich wacht,
Im jetzt und im Hier.

Bitte weine nicht
Mein Herz.
Ich zeige dir das Licht
Und teile deinen Schmerz.

Vergiss nicht meine Liebe,
Die du in dir trägst.
Schmerzlich unser Abschied,
Mit der Nacht auch du gehst.

Ich werde dich finden,
Meine Seele ist dein.
Werde Zeiten überwinden,
Um bei dir zu sein.

Erinnerung

Treibend in einem Fluss,
Aus schwelgender Erinnerung,
Versiegt der Liebe Kuss
Im Strudel der Vergangenheit.

Reißend ist die Strömung,
Die einem nicht vergibt,
Doch schön ihre Belohnung,
Wenn man das schwelgen liebt.

Dort wo der Fluss zu ruhen beginnt,
Gemündet in der Gegenwart,
Vergangenes im Hier verschwimmt,
Sich die Zukunft offenbart.

Eine Reise

Ich gehe auf eine Reise,
Und trage dein Herz.
Ich trage es auf eine Weise,
Die nimmt mir den Schmerz.

Es erfüllt mich mit Frieden,
Dass du bei mir bist.
So ertrag ich zu lieben,
Was mein Herz so vermisst.

Ich gehe auf eine Reise,
Und trage dein Herz.
Ich trage es in meinem Herzen.

Fragen

Wo komm ich her, wo will ich hin?
Macht diese Frage einen Sinn?
Wer bin ich jetzt, wer will ich sein?
Bin ich mit mir eigentlich allein?

Ich lass es so im Raume stehen,
Und wird mal nach der Antwort sehen.
Sofern es diese wirklich gibt,
Und sie sich in mein Leben schiebt.

Das Wort

Von Winden fort getragen
Ein geflüstert Wort.
Um an einem Ort
Sein gehofftes Glück zu wagen.

Wie ein leises Wispern,
Es zu deinem Herzen stieß,
Bevor es alle Kraft verließ
Und sagte: „ Ich liebe dich!"

Ausgeruht

Schlafend im Blumenmeer,
Der Gedanken müde,
Fallen ruhige Träume schwer,
Versiegende Gefühle.

Verloren im Dunkel der Nacht,
Die Augen noch verschlossen,
Ist wenn man dann erwacht,
Das Licht ins Herz geflossen.

Geschöpfte neue Kraft,
Die Seele ausgeruht,
Wird wacher nun bedacht,
Was man in Zukunft tut.

Wut

Ein Blitz traf mich ins Herz,
Entfachte Feuersglut
Erstickte meinen Schmerz,
Und hinterließ die Wut.

Die dunklen Wolken ziehen,
Der Himmel tut sich auf.
Ich kann dem nicht entfliehen,
Der Sturm nimmt seinen Lauf.

Ein tiefes Grollen erklingt,
Die Worte meiner Wut.
Der Donner Regen bringt
Und löscht des Feuers Glut.

Vorbei die Schlechtigkeiten,
Ich hab mir Luft gemacht.
Es folgen schöne Zeiten,
Die Sonne ist erwacht.

Leben

Wie ein Baum sich im Winde neigt,
Trotz starker Wurzeln Schwäche zeigt,
So kannst auch du nicht standhafter sein,
Denn der Sturm des Lebens holt dich ein.

Wie ein Stein von Wasser neu geformt,
Trotz seiner Kraft und Stärke,
So kannst auch du nicht immer die Starke sein,
Denn die Tränen des Lebens holen dich ein.

Wie eine Blume wieder vergeht,
Nur kurz in voller Blüte steht,
So kannst auch du nicht beständiger sein,
Denn die Zeit des Lebens holt dich ein.

Doch wie in unseren Gedanken fotografiert,
Sich keiner deiner Züge jemals verliert,
So wirst du ewig standhaft, stark und schön sein,
Denn die Liebe des Lebens schließt dich in ihrem
Herzen ein.

Oh wie...

Oh wie blutet mir das Herz,
Wenn ich so sehe deinen schmerz.
Doch wie nehmen diese Leid,
Ohne zu hoffen auf die Zeit?

Der Körper weint, die Seele trauert
Über das, was Liebe überdauert.
Es ist Erinnerung die füllt das Herz,
Und lindert schließlich Wehmuts Schmerz.

Kreuzungen

Oft sind die Wege die wir beschreiten
Unwegsam und schwer zu ersehen.
Auf manchen Wegen gibt es Menschen,
Die uns begleiten,
Auf anderen müssen wir alleine gehen.

Unterwegs hofft man das Glück zu finden,
Was gar nicht leicht erscheint.
Sich mit einem ewig binden
Und dann ein Leben lang vereint.

An jeder Kreuzung gemeinsam entscheiden,
Jede Hürde gemeinsam überstehen,
Gemeinsam freuen und auch leiden
Während die Jahre vorüber gehen.

Es kommt vor an einer Kreuzung dann,
Dass man in verschiedene Richtungen lenkt.
Und was man nicht wollte aber vorkommen kann,
Ein jeder sein Leben neu bedenkt.

Hab keine Angst allein zu gehen,
Das Einzig Ziel ist Zufriedenheit.
Es kommen neue Begleiter, du wirst sehen.
So ist man mal allein und mal zu zweit.

Kinder

So sanft und engelsgleich,
Zarte reine Seele.
An Herzensgüte reich,
Was uns oft leider fehle.

Die Augen leuchten klar,
Ein unbeschwertes Leben.
Kinder sind wunderbar,
Weil sie nach Liebe streben.

Sie zaubern uns ein lachen,
Ihr Glück in unserer Hand.
Drum Sollte was wir machen,
Bedacht sein mit Verstand.

Herbst

Der Nebelschleier legt sei Band,
Sanft auf der Erde nieder.
So trägt sie nun ihr Herbstgewandt,
Verhüllt sich immer wieder.

Ein rauschen geht damit einher,
Es sind der Bäume Blätter.
Sie werden ihrem Träger schwer,
Der Wind sein nun Ihr Retter.

Die Dunkelheit holt sich den Tag,
Noch früher als schon zuvor.
Es ist was nur der Herbst vermag,
Bevor auch er gefror.

Der Liebe Glück

Wenn dir dein Herz vor Glück zerspringt,
Und dir das Leben Lieder singt,
Dann lässt das Herz die Seele wissen,
Du willst nur noch den einen küssen.

Und wenn die Sehnsucht dich beschleicht,
Auch wenn er nur kurz von deiner Seite weicht,
Dann ist klar du hast dein Herz verloren,
Es wurde dir ganz sanft gestohlen.

Und beruht all dies auf Gegenseitigkeit,
Beschert die Liebe Zweisamkeit.
Und jeder kann es von deinen Augen lesen,
Du bist nie glücklicher gewesen.

Freundschaft

Reich mir deine Hand,
Und ich werde sie halten.
Schenke mir deine Worte,
Und ich werde dich hören.
Ich halte für dich stand,
Gegen alle Gewalten
Und an jedem Orte,
Nichts vermag dies zu zerstören.

Gegensätze

Schlafend, aber doch hellwach,
Stumm, aber doch am singen,
Erscheint die schwarze Nacht,
Den tag nicht näher zu bringen.

Glück

Wer auf seinem Glücke reitet,
Und über viele Grenzen schreitet,
Der sollte sich nicht wundern dann,
Wenn er sich nicht mehr halten kann.

Innere Stimme

Wenn du nicht sicher bist im Leben,
Verweile ruhig und horche still.
Dein Herz wird dir die Antwort geben,
Denn es weiß schon was es will.

Denke Dran

Sei im Leben auf der Hut
Und tue nicht, was jeder tut.
So kannst du eigene Wege gehen,
Und fest auf beiden Beinen stehen.

Winter

Von Sternen aus Eis bedeckt,
Ruhend im kalten Schnee
Gefroren schöner See,
Bis der Frühling ihn erweckt.

Schlafend Tier im Wald,
Zur Wintersruhe gelegt.
Sich wacher wieder regt,
Wenn der Frühling Farben malt.

Von Kälte gar befangen,
So zauberhafte Wesen.
Ist es leichter mal gewesen,
Als sie vom Frühling sangen.

Spiel des Lebens

Das Leben ist ein großes Spiel,
Und wer es kann gewinnt auch viel.
Doch was wenn man es nicht versteht,
Die Spielfigur dann untergeht?

So ziehe einen Joker dann
Und sei beim nächsten Spielzug dran.
Die Chancen werden wieder steigen
Und du kannst auf dem Spielbrett bleiben.

Verändere Regeln, habe Mut,
Das tut dem ganzen Spiel mal gut.
Du hast die Würfel in der Hand,
Und was sie zeigen, sei gespannt.

Schlimmer Tag

Kennt ihr auch die schlimmen Tage,
An denen alles erscheint wie eine Plage?
Nichts läuft so wie es doch sollte,
Und am Ende ist nichts wie man es wollte.

Schon morgens hängen die Haare schief,
Und in der Bude steht der Mief.
Die Beine sind noch unrasiert,
Wer weiß was heute noch passiert!

Und dann auf Arbeit angelangt,
Wird viel Konzentration verlangt.
Du magst nicht mehr und willst nach Hause,
Und noch zwei stunden bis zur Pause.

Der Feierabend noch weit weg,
Da kommt auch schon der nächste Schreck.
Den Kaffee aufs schöne Hemd geschüttet,
Heut ist das Leben echt zerrüttet.

Was soll das heute bloß noch werden?
Du möchtest auf der stelle sterben.
Doch sich das Blatt auch wieder wendet,
Und man dir Nettigkeiten spendet.

Und so wird alles wieder gut,
verschwunden deine ganze Wut.
Am nächsten Tag, du siehst gut aus,
Und gehest glücklich aus dem Haus.

Schicksal

Glaube ich an das Schicksal?
Ich kann es euch nicht sagen,
Doch ist es eine Qual,
Sich stets danach zu fragen.

Ich glaube an die Fügung,
Die Zukunft entstehend aus Vergangenheit,
Wohlgleich eine Vermutung,
Eine Hoffnung in die Zeit.

Duft der Rosen

Der Duft der Rosen,
Die Gärten liebkosen.
Ihre Anmut, zart und rein,
Im Glanze von Sonnenschein.

Ihr rot steht für die Liebe,
Die schönste ihrer Triebe.
Ihre weiß unschuldige Blüte,
Ein Zeichen ihrer Güte.

Doch unterhalb verborgen,
Ein Schutz erbracht aus Sorgen.
Kräftige Dornen ihr eigen sind,
Um lang zu wiegen sich im Wind.

Müde

Der Müdigkeit ergeben,
Lasse ich den Schlaf nun kommen.
Ich träum von neuen Wegen,
Doch das Ziel ist noch verschwommen.

Die Dunkelheit vor Augen,
Erfüllt der Tag die Nacht.
Ich kann es gar nicht glauben,
Mein Bewusstsein ist erwacht.

Doch mein Körper ruht,
Liegt ganz still da.
Und so ist alles was man tut,
Im Realen gar nicht wahr.

Kriege

Kriege lassen Menschen sterben,
Und hinterlassen angstvoll Erben.
Kriege bringen Tränen,
Die die Hoffnung nehmen.

Der Krieg im Lügenkleid,
Verbreitet tiefes Leid.
Doch niemals bringen Kriege,
Die wahren großen Siege.

Er nimmt uns die wir lieben,
Und stiehlt uns Unseren Frieden.
Warum also noch Kriege führen,
Wenn wir die teure Rechnung spüren?

Kannst du?

Kannst du es nicht hören,
Wie mein Herz für dich schlägt?
Um deines zu betören,
Bis es meines in sich trägt?

Kannst du es nicht spüren,
Wie meine Haut unter dir brennt?
Wie es schmerzt dich zu fühlen,
Weil mein Herz das Ende kennt?

Kannst du es nicht sehen,
In meinen Augen?
Willst du meinen Tränen,
Denn wirklich nicht glauben?

Doch gleich wie es ist,
Ich liebe dich.
Ich liebe wie du bist,
Denn nur so ergänzt du mich.

Glaube

Was bedeutet es zu glauben,
Mit Herz und mit Verstand?
Ist es die Wahrheit vor meinen Augen,
Der Fakt in meiner Hand?

Wohlmehr ist es die Hoffnung,
Das etwas wirklich ist.
Der Glaube an die Schöpfung,
Ein gutes Beispiel misst.

Glaube spendet Trost,
In allzu schweren Zeiten.
Wenn das Schicksal wieder lost,
Zu finden gute Seiten.

So gebe ihn nicht auf,
Den Glauben an das Leben.
Denn Schicksal nimmt den Lauf,
Und wird sich ihm ergeben.

Wie?

Wie kannst du ohne mich zu lieben,
Mich in deinen Armen wiegen?
Wie kannst du meine haut berühren,
Ohne dabei dein Herz zu spüren?

Bist du noch niemals aufgewacht,
Und hast sofort an mich gedacht?
Ich kann dein Denken nicht verstehen,
Wir sollten uns nicht wieder sehen!

Gefallener Engel

Gefallener Engel im tosenden Meer,
Enttäuschung liegt in deiner Hand,
So sind dir deine Flügel schwer,
Gelöst vom Hoffnungsband.

Hoffnung in eine bessere Welt,
Die du zu schaffen hast versucht.
Doch hast du leider festgestellt,
Der Teufel hat sie heimgesucht.

Gefallener Engel Steig in mein Boot
Gemeinsam können wir bestehen.
Wir helfen Herzen in der Not,
Alles wird gut, du wirst es sehen.

Abschied

Du gingst auf eine Reise ohne Wiederkehr,
Begleitet von Tränen im Tränenmeer.
Schmerzlich der Abschied,
Tröstlich die Erinnerung,
Um dich weinen Engel in der Dämmerung.

In ewiger Liebe, ich trage dein Herz,
Ich trage es in meinem Herzen.

Willkommen

Trage mich auf sanften Händen,
Willkommener Tot.
Du schenkst mir Frieden
Und nimmst mir Den Schmerz.
Gebe meinen Lieben Kraft in der Not,
Denn in ihrer Erinnerung lebt mein Herz.

Erinnerung

In der Gegenwart verborgen,
Liegen die Schätze der Erinnerung.
So ist ein jeder Morgen
Eine wertvolle Bereicherung.

Geschenk

Aus Liebe erwächst Leben,
Ein verborgenes Geschenk.
Der Eltern größter Segen,
Wenn man das Glück empfängt.

Aus Liebe erwächst Leben,
Und mit ihr die Kraft,
Sein bestes dort zu geben,
Wo Leben neues schafft.

Wir möchten diese Freude,
Mit der Familie teilen,
Und so ist für euch Beide,
Der Inhalt dieser Zeilen.

Geliebter Himmel

Sein schönstes blau in grau verborgen,
Trist sein Blick in die Welt.
Tränen Zeichen seiner Sorgen,
Da ihm sein Wolkenkleid missfällt.

Doch ist ihm auch gewiss,
Der Frühling kehrt bald ein,
Vertreibt die grauen Wolken
Und bringt die Sonne Heim.

So trauere nicht, geliebter Himmel
Und schenke uns ein Lachen.
Denn sicher wird schon bald,
Der Frühling neu Erwachen.

Danksagung

An dieser Stelle möchte ich mich noch
Kurz bei meinen Kollegen bedanken, die
Mich dazu gebracht haben aus meinen
Gedichten ein Buch zu machen.
Und auch bei meiner Schwester die
Mich ebenfalls hierzu ermutigt hat.
Mit einem Grinsen folgere ich:
Liegt also alles in eurer Verantwortung!